BEI GRIN MACHT SICH IHR WISSEN BEZAHLT

- Wir veröffentlichen Ihre Hausarbeit, Bachelor- und Masterarbeit

- Ihr eigenes eBook und Buch - weltweit in allen wichtigen Shops

- Verdienen Sie an jedem Verkauf

Jetzt bei www.GRIN.com hochladen und kostenlos publizieren

"Wie man dem toten Hasen die Bilder erklärt". Joseph Beuys' provokative Kunstaktion und ihre Bedeutung

Charlotte Friedrich

Bibliografische Information der Deutschen Nationalbibliothek:

Die Deutsche Nationalbibliothek verzeichnet diese Publikation in der Deutschen Nationalbibliografie; detaillierte bibliografische Daten sind im Internet über http://dnb.d-nb.de abrufbar.

ISBN: 9783389090671
Dieses Buch ist auch als E-Book erhältlich.

Druck und Bindung: Books on Demand GmbH, Norderstedt Germany
Gedruckt auf säurefreiem Papier aus verantwortungsvollen Quellen

Das vorliegende Werk wurde sorgfältig erarbeitet. Dennoch übernehmen Autoren und Verlag für die Richtigkeit von Angaben, Hinweisen, Links und Ratschlägen sowie eventuelle Druckfehler keine Haftung.

Das Buch bei GRIN: https://www.grin.com/document/1521477

„Wie man dem toten Hasen die Bilder erklärt"

Joseph Beuys will irritieren, provozieren und animieren – doch mit welchen Mitteln?

Charlotte Friedrich

Semester: WS 2021/22

Philipps-Universität Marburg

FB 09 Germanistik und Kunstwissenschaften

Kunstgeschichtliches Institut

Inhaltsverzeichnis:

[Die Abbildungen sind aus urheberrechtlichen Gründen nicht im Lieferumfang enthalten.]

1. Einleitung und These:

Wie kaum ein anderer Künstler in der zweiten Hälfte des 20. Jahrhunderts hat Joseph Beuys die Kunst von Regeln und Dogmen befreit. Joseph Beuys, einer der bedeutendsten, aber auch umstrittensten Künstler der deutschen Nachkriegszeit polarisiert mit seinen Aktionen bis heute das Publikum. Die einen verehren ihn und sehen in ihm einen Visionär, die anderen feinden ihn an und fühlen sich durch seine Werke vor den Kopf gestoßen.[1]

Joseph Beuys lädt am 26. November 1965 im Rahmen einer Einzelschau mit dem rätselhaften Titel „irgendein Strang" zu einer Aktion in die Düsseldorfer Galerie Schmela ein. Die Aktion selbst trägt den Titel, "Wie man dem toten Hasen die Bilder erklärt". Sie ist die erste des Künstlers in einer kommerziellen Galerie. Bislang hat er sich der Lehre verschrieben.[2]

Beuys präsentiert Zeichnungen und Objekte aus der Zeit zwischen 1951 und 1965.[3] Das Besondere an der Performance sind jedoch nicht die Artefakte, sondern die ungewöhnliche Art und Weise wie er sich und die Bilder präsentiert. Die skurrile Situation wirft heute noch Fragen nach der Intention des Künstlers auf.

Mit der folgenden These möchte ich den inhaltlichen Zugang zu seiner Performance finden:

„Beuys will das Museale überwinden, er will die Betrachter seiner Werke irritieren, provozieren und zugleich animieren bei der Beantwortung von gesellschaftspolitischen Fragen kreativ und konstruktiv mitzuwirken."

Doch wie, d.h. mit welchen Mitteln gelingt ihm das in seiner Aktion „Wie man dem toten Hasen die Bilder erklärt"?

2. Beschreibung der Aktion:

Nicht wie üblich, bittet der Galerist seine Besucher/innen in die Galerie einzutreten. Vielmehr versperrt er ihnen von Innen den Zugang zur Galerie. Schmela lässt sie das Geschehen lediglich von außen durch die Schaufenster betrachten, nachdem er die Vorhänge von den Schaufenstern wie einen Bühnenvorhang aufzieht.[4] Vermutlich ist das Publikum zu diesem Zeitpunkt zum ersten Mal irritiert.

Nur Beuys befindet sich mit einem toten Hasen auf dem Arm in der Galerie. Die außensehenden Betrachter/innen können durch die Fenster sehen, wie Beuys ihnen den Rücken zukehrt. Er sitzt in erhöhter Position auf einem Schemel, der wiederum auf einem Grafikschrank steht. Unter dem Schemel befinden sich ein Mikrofon und ein Radio. Schließlich

---

[1] Ursprung, 2021.
[2] Naef, 2011, S. 99.
[3] ebd.
[4] ebd.

steht Beuys auf und geht mit dem toten Hasen, vermeintlich redend, von Bild zu Bild. Ob er tatsächlich zu dem toten Tier gesprochen hat oder nur den Mund bewegt hat, wissen die Zuschauer/innen nicht mit Bestimmtheit.[5] Jedenfalls erweckt es für sie den Anschein, dass er dem Tier 38 seiner eigenen Zeichnungen und Objekte erklärt. Sie können beobachten, wie sich Beuys, vergleichbar mit einem Puppenspieler, auf allen Vieren kniend und die Ohren des Hasen zwischen die Lippen geklemmt durch den Raum bewegt.[6] Nun sieht es so aus, als würde der Hase die Galerie selbst durchlaufen. Sogleich nimmt er das Tier wieder auf den Arm und bewegt es, als würde es leben. Insgesamt ist der Umgang mit dem Hasen von einer unbeschreiblichen Zärtlichkeit und von großer Konzentration geprägt.[7]

Das aufsehenerregendste Exponat ist aber wohl der Künstler selbst. Beuys trägt nicht wie üblich seinen charakteristischen Hut. Stattdessen hat der Künstler seinen Kopf mit Blattgold, Goldstaub und Honig wie eine zweite Haut bedeckt.[8]

Zitat Beuys: „Ich goss einen großen Topf Honig über meinen Kopf und klebte drauf Blattgold im Wert von fast 200 Mark. Das war sehr schön."[9]

An seinem rechten Fuß trägt er eine Eisensohle, am linken eine solche aus Filz[10]. Seine Bewegungen sind sehr langsam, ruhig und konzentriert. Die Metallsohle erzeugt beim Gehen ein merkwürdiges Humpeln und ein damit verbundenes lautes Klappern auf dem Steinfußboden. Erst nachdem Beuys seine mindestens einstündige Führung des Hasen durch die Galerie beendet hat – manche Zuschauer/innen sprechen sogar von drei Stunden[11]-, wird sein Publikum hereingebeten. Nun nimmt er wieder mit dem Hasen auf dem Arm im Eingangsbereich auf seinem Schemel Platz und beginnt für die Gäste/Gästinnen kaum zu verstehen, dem Hasen die Bilder ausführlich zu erklären.[12] Vermutlich sind die Zuschauer/innen hier mindestens zum zweiten Mal irritiert. Auch jetzt wird dem Publikum die Erklärung der Exponate verweigert, vielmehr es verbleibt bei den zuvor vorgenommenen und für die Ohren der Gäste/Gästinnen nicht wahrnehmbaren Erklärungen gegenüber dem toten Hasen.

Indem Beuys die Bilder ausschließlich dem Hasen und nicht seinem Publikum erklärt, wird der Hase zum ultimativen Geheimnisträger. Denn nur er kennt das Geheimnis der ausgestellten Zeichnungen.[13]

Die skurrile Aktion Beuys schockiert bzw. irritiert nicht nur die anwesenden Gäste/Gästinnen. Bis heute wirft die Aktion Fragen auf. Ihr inhaltlicher Zugang ist nicht sogleich offenkundig.

---

[5] vgl. Naef, 2011, S. 100.
[6] vgl. Naef, 2011, S. 101.
[7] vgl. Naef, 2011, S. 102.
[8] Vogel, 1965.
[9] Schneede, 1994, S. 102.
[10] vgl. Naef, 2011, S. 100.
[11] Schneede, 1994, S. 103.
[12] Müller, 1994, S. 19.
[13] vgl. Naef, 2011, S. 110.

Möglicherweise sollen Irritation und Schock zum einen der Verstärkung von Wahrnehmung dienen und zum andern die Werke des Künstlers dauerhaft präsent halten. Wie also kann die Aktion enträtselt, bzw. aufgelöst werden und wie wird sie für den Betrachter verständlich?

3. Enträtselung:

Um die Aktion von Beuys in der Galerie Schmela zu enträtseln und die Intention des Künstlers zu ergründen, will ich der Frage nachgehen, welche gestalterische Elemente der Künstler in seinem Werk einsetzt, die meine These stützen. Von besonderem Interesse und auffallend sind dabei drei Schwerpunkte, die der Künstler in seiner Aktion setzt. Diese Akzente könnten Hinweise geben, welche Wirkung Beuys bei seinem Publikum erzeugen und welche Botschaft er vermitteln will.

Hier ist zunächst das Einladungsblatt mit seinem lobenden Hinweis auf „Fluxus" zu nennen. Dieser Hinweis könnte wesentlich und aufschlussreich sein, wenn es darum geht, die Performance inhaltlich nachvollziehen zu können. Ich will daher der Frage nachgehen, welchen Einfluss die Fluxusbewegung auf den Künstler hat und welche Rolle Fluxus in seiner Aktion spielt. Der nächste Punkt meiner Untersuchung soll sich dem toten Hasen widmen. Die sicherlich ungewöhnliche Rolle eines toten Tieres in einer Performance scheint mir ein wesentlicher Schlüssel zu sein, der zur Enträtselung der Aktion beiträgt. Meine Fragestellung ist insbesondere, was den Künstler dazu bewegt, mit einem toten Hasen zu kommunizieren. Aufschlussreich könnte hierbei die Beziehung des Künstlers zu dem Tier sein. Auch dieser Fragestellung werde ich nachgehen. Schlussendlich halte ich die auffallende Maskerade des Künstlers mit Honig und Gold für so dominant, dass ich die Bedeutung der eingesetzten Materialien in der Aktion näher beleuchten möchte.

3.1 Enträtselung durch Fluxus:

Das Einladungsfaltblatt zu der Aktion „wie man dem toten Hasen die Bilder erklärt" beinhaltet neben einem Verzeichnis der 38 zur Ausstellung gebrachten Werke auch die Zeile "with compliments to fluxus".[14]

„Fluxus ist nach dem Dadaismus der zweite elementare Angriff auf das Kunstwerk im herkömmlichen Sinn, das negiert wurde und als bürgerlicher Fetisch galt".[15] Fluxus ist die Absage an herkömmliche künstlerische Darbietungsformen.[16]

---

[14] Beuys, 1965.
[15] Schneede, 2001, S. 209.

Fluxus ist gleichzeitig eine Form der Aktionskunst, eine Bewegung unter Künstlern gegen elitäre Hochkunst, und der Versuch, neue kollektive Lebensformen zu schaffen. Fluxus wird aus einem fließenden Übergang zwischen Kunst und Leben beziehungsweise der Einheit von Kunst und Leben erklärt: „Es geht um in das Leben einwirkende Produktionsprozesse und nicht um die Abschottung der Kunst vor dem Leben."[17]

Fluxus ermutigt Anfang der 60'er Jahre Joseph Beuys, der noch in den 50'er Jahren die Öffentlichkeit scheut, seine öffentlichen Auftritte zu erproben.[18]

Bemerkenswert bei seiner Aktion ist, dass nicht nur seine 38 Werke Gegenstand der Ausstellung sind, sondern auch der Künstler selbst. Sein Körper wird zum künstlerischen Medium. Eine Trennung zwischen den vom Künstler geschaffenen Artefakten und seiner Person findet nicht mehr statt, der Künstler ist selbst Bestandteil des Werkes und wird mit ihm Eins.

Die ungewöhnliche Vorführung in der Galerie Schmela hat mit einem Kunstwerk im herkömmlichen Sinn wenig gemein. Mit seiner Aktion findet Beuys eine neue Form für seine Botschaft, losgelöst von der traditionellen Kunst. Beuys geht es bei dieser Aktion auch um die Aufsprengung der gekannten Gewohnheiten durch eine fremdwirkende Aktion.

Anders als bei herkömmlichen Kunstwerken wie z.B. bei Bildern oder Skulpturen ist seine Aktion mit dem Hasen vergänglich. Sie ist einmalig und nicht im gleichen Rahmen, was Raum und Zeit anbelangt, reproduzierbar. Die Aktion lebt fortan nur noch in der Erinnerung der Betrachter/innen."[19] Bei den Betrachtern/innen bleiben Nachbilder. Diese Nachbilder reflektieren Erinnerungen, Zeugnisse, Dokumente und Abbildungen. Bei den Betrachter/innen entsteht der Wille, an diesen Nachbildern zu arbeiten.[20] Mit diesen Nachbildern inspiriert Beuys sein Publikum, das Gesehene zu reflektieren, bestenfalls Schlüsse zu ziehen und diese kreativ umzusetzen. Gegenüber herkömmlichen Darbietungsformen, wie etwa der Ausstellung von Bildern in einem Museum, verstärkt die von Beuys gewählte dynamische Aufführungsform durch ihre Einmaligkeit diesen Prozess der zu verarbeitenden Nachbilder.[21]

Der museale Charakter der Ausstellung von insgesamt 18 Bildern und Objekten, so er denn hier jemals vorhanden gewesen sein sollte, weicht spätestens zu dem Zeitpunkt vollständig, als die Vorhänge von den Schaufenstern der Galerie Schmela beiseite gezogen werden und der Künstler selbst mit dem toten Hasen auf dem Arm gleichsam auf die Bühne tritt, durch die Galerie schreitet und dem toten Tier die Bilder erklärt. Die ausgestellten Artefakte weichen im Fokus der Betrachter zu Gunsten der flüchtigen Aktion des vor Ort agierenden Künstlers. Nur seine Performance ist präsent und Gegenstand der Betrachtung. Die Aktion

---

[16] vgl. Schneede,1994, S. 11.
[17] Frieling.
[18] Schneede, 2001, S. 237.
[19] Schneede, 1994, S. 109.
[20] vgl. Schneede,1994, S. 9.
[21] vgl. Biesler, 2015

von Beuys ist kein Kunstwerk, das dauerhaft von seinem Publikum wie in einem Museum betrachtet werden kann. Beuys hält seine Darbietung genau einmal vor. Das Publikum kann sich nur aktuell und nur für die Dauer der Aktion inspirieren lassen. Es macht den Anschein, als ginge es Beuys darum, sein Publikum während der Aktion zum Schweigen zu bringen.[22] Er jedenfalls will sich mit seinem Publikum nicht auseinandersetzen, seine Rede ist ausschließlich an das tote Tier gerichtet.[23] Gleichwohl will er seine Gäste/Gästinnen mit seinem persönlichen Auftritt in einen geistigen Prozess einbeziehen. Objekte einer gewöhnlichen Ausstellung können diese Wirkung nicht entfalten.[24]

Mit der Aktionskunst schafft Beuys dem Fluxusgedanken entsprechend eine Einheit von Kunst und Leben, indem er dem Menschen sinnliche Impulse gibt, ihn neugierig macht und ihn anregt. Dies geschieht nicht mit sachlichen Argumenten, sondern mit den spezifischen Mitteln der Kunst.[25]

Gekennzeichnet ist die Aktion im Wesentlichen durch Schweigen, d.h. er schweigt gegenüber seinem Publikum. Zwar redet er mit dem Hasen, jedoch so leise, dass seine Worte für die anwesenden Besucher/innen nicht oder nur kaum wahrnehmbar sind. Sie können die Erklärungen, die der Künstler dem Hasen gibt, kaum hören geschweige denn verstehen. Unterbrochen wird sein Schweigen lediglich durch fluxusverwandte Verlautbarungen, wie das Rauschen des Radios, seine Flüstersprache sowie das unregelmäßige Klappern der Eisensohle, die er an einem Fuß trägt.[26]

Indem Beuys das Publikum aussperrt und nicht mit ihm, sondern nur mit dem Hasen kommuniziert, will er einen Imaginationsprozess in Gang setzen."[27] Beuys selbst beschreibt seine Erklärungen, die er abgibt als stumm. Ebenso sende das Radio auf einer unhörbaren Wellenlänge.[28] Nonverbal bezieht er sein Publikum direkt und unmittelbar in seinen geistigen Prozess mit ein.[29]

3.2 Enträtselung durch die Rolle des Hasen

Joseph Beuys äußerte sich einmal: "Ihr (damit meint er seine Zuschauer/innen) versteht meine merkwürdigen Werke sowieso nicht, also erkläre ich sie gleich schon einem Tier." Den Leuten mochte er die Bilder nicht erklären.[30]

---

[22] Naef, 2011, S. 105.
[23] Naef, 2011, S. 106.
[24] Schneede, 2001, S.238.
[25] Biesler, 2015.
[26] Naef, 2011, S. 106.
[27] Schneede, 1994, S. 106.
[28] Naef, 2011, S. 104.
[29] Schneede, 2001, S.238.
[30] Müller, 1994, S. 19.

An anderer Stelle im Jahr 1979 erklärte Beuys in einem Gespräch mit dem italienischen Künstler Sarenco: „Ich wollte, dass die Menschen, die in ihrem egoistischen Fehlverhalten gegenüber der Wirklichkeit sich so sehen, wie sie eben sind, mal zeigen, dass sogar ein toter Hase noch viel mehr von diesem Wirklichkeitszusammenhang weiß – also zum Beispiel die Bilder der modernen Kunst besser versteht als der Mensch mit seinem verkorksten, so genannten rationalistischen Intellekt. In dieser Sondersituation wollte ich die Menschen nicht hereinlassen, weil sie diesen reinen, heiligen Vorgang mir im Moment nicht stören sollten. Aber ich wollte es natürlich für die Menschen machen, nicht für die Hasen."[31]

Joseph Beuys ist demnach der Auffassung, dass das Tier und insbesondere der Hase eine viel größere Intuition, also ein viel größeres Gespür und ein feineres Empfinden habe als der rein rational orientierte Mensch. Der Mensch sei kein Wesen, bei dem Intuition und Rationalität zusammenkämen. Die Menschen sieht er in den Fesseln des konsumorientierten Alltags. Beuys sagt: „Um immer mehr zu haben, riskiere der Mensch die Zerstörung der Welt."[32]

Die Aktion findet zur Zeit des sogenannten Wirtschaftswunders statt, als es den Menschen längst bewusst ist, dass sie ökologische Schäden angerichtet haben und immer noch anrichten, indem sie aus Profitgier Böden, Wälder und Tiere töten. Hierzu zählt auch der Hase. Zitat Beuys:" Wenn ich dem toten Hasen die Bilder erkläre, dann sage ich es handelt sich um einen toten Hasen".[33]

Nach seiner Vorstellung bilden Mensch und Natur eine Einheit. Der Mensch brauche die Natur. „Ohne Natur kann der Mensch nicht leben. Der Mensch braucht als Lunge den Wald. Er braucht als Nahrung das Korn. Er braucht die Natur und auch das Tier, wie er sein Herz, seine Lunge und seine Leber braucht. Joseph Beuys geht noch weiter und bezeichnet den Hasen und damit die Natur selbst als menschliches Außenorgan.[34]

Diese Botschaft im Sinne einer Ganzheit gibt Beuys seinem Publikum und fordert es zum Diskurs auf. Die Lehren und Ideen des Anthroposophen Rudolf Steiner haben Beuys geprägt. Steiners Lehre beschreibt ein Zusammenwirken von Mensch, Natur und Kosmos. Auf diesem anthroposophischen Welt- und Menschenbild beruht die Kunst von Beuys.[35]

Nach Aussage von Beuys hat der Hase für ihn eine direkte Beziehung zur Geburt und stellt das Symbol für die Inkarnation dar. Er sei im Gegensatz zum Menschen in der Lage, sich einzugraben, sich einen Bau zu graben. Er inkarniert sich gleichsam in die Erde.[36]

---

[31] Quirin, 2015.
[32] Biesler, 2015.
[33] ebd.
[34] vgl.Müller, 1994, S. 78.
[35] Kothe, 2021.
[36] Müller, 1994, S. 20.

Franz Joseph van der Grinten, ein Freund von Beuys und Kunstsammler, bezeichnet den Hasen in der Beuys`schen Aktion als ein von alters her bekanntes Symbol der Fruchtbarkeit, Anspruchslosigkeit, Wachsamkeit, aber auch der Auferstehung.[37]

Weiter sagt van der Grinten: „Tiere, wenn sie mit in die Szene genommen werden, sind weniger Objekt, sondern Partner und Gegenpol. Der tote Hase, dem die Bilder erklärt wurden, schien sich aus der vitalen Substanz dessen, der ihn trug und leitete, zu beleben."[38]

Ich deute die Aussage van der Grintens als Symbol für den Kreislauf des Lebens im Sinne von Geburt, Leben, Tod und Wiederauferstehung.

Ähnlich äußert sich auch Johannes Stüttgen, ein Meisterschüler von Joseph Beuys: „Der Tod ist der große Bruder des Schlafs. Für Beuys hat der lebendige Mensch verborgene Kräfte, die erweckt werden müssen. Da könnte die Kunst helfen: Der tote Hase ist ein Zeichen für die schlafende Seele im Menschen, die wieder lebendig werden soll." „Da haben wir das Auferstehungsprinzip, und dann haben wir auch die Erklärung, warum der Hase der Osterhase ist. Eben nicht nur als Symbol, sondern als Animator, wie soll man sagen, als eine Initiationskraft. Der Hase tritt hier also auf als eine sehr große geistige Kraft, man kann sogar sagen, als die Christuskraft." Wohl auch das wollte uns Joseph Beuys mit seinen Hasen sagen.[39]

Meine Ausführungen zur Rolle des Hasen verdeutlichen, welche Bedeutung der Hase für den Künstler Joseph Beuys hat. Der Hase ist für ihn das Sinnbild des Lebens. In seiner Performance setzt er das Tier zielgerichtet ein, um Missstände im Gesellschafts- und insbesondere im Wirtschaftsleben aufzuzeigen. Mit dem Einsatz des Hasen hält er seinem Publikum die Einheit von Mensch und Natur vor Augen. Auch hier will Beuys wieder neugierig machen und Anstöße zu einem kritischen und kreativen Mitgestalten der Gesellschaft geben. Nach seinen Vorstellungen soll sie nicht nur nach Gewinn streben richten, sondern auch und vor allem das ökologische Gleichgewicht von Mensch und Natur im Auge behalten.

3.3 Enträtselung durch die Maske aus Honig und Gold:

Untypisch für seine Aktionen maskiert sich Beuys mit einer Maske aus Honig und Gold. Seine Maskierung verbirgt Physiognomie und Mimik. Maja Naef beschreibt den so maskierten

---

[37] van der Grinten, 1987, S. 254.
[38] van der Grinten, 1987, S. 255.
[39] Stock, 2013.

Beuys als Skulptur und Ikone.[40] Obwohl Physiognomie und Mimik verborgen bleiben, so betont er mit seiner der Maskerade gleichwohl den Kopf als Zentrum menschlichen Denkens.

Beuys selbst sagt: „Hier ist die Betonung des Kopfes und damit des Denkens. Mit dem Honig auf dem Kopf tue ich natürlich etwas, was mit Denken zu tun hat. Die menschliche Fähigkeit ist nicht, Honig abzugeben, sondern zu denken, Ideen abzugeben. Weiter führt er aus, dass der Honig zweifelsohne eine lebendige Substanz ist, so wie auch die menschlichen Gedanken lebendig sein können.[41]

So dient auch in der Vorstellung von Beuys der Honig als Symbol von Leben.

Uwe M. Schneede sagt hierzu: Mit seiner Maske transformiert er sein Gesicht und verwandelt sich in eine Gestalt mit überindividuellen und spirituellen Fähigkeiten.[42]

Beuys hat diese Maske nicht aus anderen Kulturen entnommen. Sie ist seine eigene Kreation aus den Substanzen Honig und Gold. Diese haben im Germanen - sowie im Christentum eigene Traditionen. Der Honig steht für das Elixier des Lebens. Die Germanen gaben ihren Neugeborenen Honig, um deren Lebensrecht zu begründen. Bei den Christen steht der Honig für Auferstehung.[43]

Das Gold steht für Reinheit und hat für Beuys einen spirituellen Charakter. Die archaische Maske befähigte ihn nach Schneede, das Gespräch mit dem noch im Status der Reinheit verharrenden Hasen zu führen.

So dient auch in der Vorstellung von Beuys der Honig als Symbol von Leben.

Nach Schneede veranschaulicht die Kopfmaske aus Honig und Gold die Absicht von Beuys, das Bewusstsein des Menschen, um intuitive Fähigkeiten zu erweitern.[44]

Auch in diesem Punkt komme ich zu dem Ergebnis, dass Beuys` Auftritt mit seiner einzigartigen Maske aus Honig und Gold den Rahmen der musealen Kunst sprengt. Die Zuschauer/innen sehen etwas noch nie Dagewesenes. Im Übrigen will er durch seinen provokanten Kopfschmuck seine Zuschauer/innen zum Nachdenken motivieren.

4. Fazit:

Zweifellos ist die Aktion des Künstlers aus dem Jahre 1965 für seine Zuschauer/innen rätselhaft. Ebenso zweifellos kann die Aussage getroffen werden, dass er mit seiner Aktion irritierend und provokant ist. Losgelöst von einer herkömmlichen musealen Kunst und deren Darbietung inszeniert der Künstler seine Werke und insbesondere sich selbst auf eine bis

---

[40] vgl. Naef, 2011, S. 104.
[41] Schneede, 1994, S. 105.
[42] Schneede, 1994, S. 104.
[43] ebd.
[44] Schneede, 2001, S. 239.

dato nicht bekannte Weise. In der Galerie steht er seinen Zuschauern nicht als erklärender oder eine Eröffnungsrede haltender Künstler zur Verfügung. Vielmehr hält er sein Publikum zumindest vorerst und vordergründig nicht nur räumlich, sondern auch inhaltlich auf Distanz. Er zieht es vor, nicht mit den Anwesenden, sondern mit dem toten Hasen auf dem Arm in einen Gedankenaustausch zu treten. Seine Zuschauer/innen lässt er lieber im Ungewissen. Stattdessen provoziert er bei ihnen einen Prozess, der sie neugierig und nachdenklich machen soll.

Beuys will mit seinen Aktionen nicht gefallen. Ihm kommt es nicht darauf an, ästhetisch Schönes zu schaffen. Er will seine Betrachter/innen pädagogisch erreichen, eine Botschaft senden. Beuys will sein Publikum nicht als reine Konsumenten sehen.[45] Er will sie in seine Botschaft miteinbeziehen, indem er sie animiert, aktiv zu werden und eigene Gedanken zu entwickeln.

Dies gelingt ihm in seiner Aktion mit Elementen der seit Anfang der 60´er Jahre aufkommenden Fluxusbewegung. Er stellt nicht nur seine Objekte und Bilder aus, sondern setzt sich selbst, verkleidet mit einem ungewöhnlichen Kopfschmuck aus Honig und Gold, zudem mit einer laut klackernden Metallsohle unter einem Fuß in Szene. Er weckt die Neugierde bei seinen Zuschauern und lässt sie aufhorchen. Er macht sich selbst zum Kunstwerk und wird Bestandteil der Performance.

Eine wesentliche Rolle spielt auch der Titel der Aktion: „Wie man dem toten Hasen die Bilder erklärt". Titel und Aktion hängen zusammen. „Die Aktion ohne den Titel hat keinen Sinn."[46] Der Titel kann in dieser Aktion nicht hinweggelassen werden. Nur der Titel öffnet gleichsam wie ein Schlüssel den Zugang zur Aktion.

Im Sinne der anthroposophischen Lehre setzt Beuys bei seiner Aktion nicht nur sich als Menschen ein, sondern auch einen Hasen, der für ihn ein Symbol der Schöpfung und Natur ist. Der Hase verkörpert für ihn Fruchtbarkeit und den immerwährenden Kreislauf der Natur.[47]

Das Zusammenwirken von Mensch, Natur und Kosmos, die Schnittstelle von Leben und Tod sind in den Werken von Joseph Beuys immer wieder präsent.[48]

Nahezu richtungsweisend erkennt der Künstler schon früh, dass die Zerstörung der Natur durch immer größer werdende wirtschaftliche Begehrlichkeiten auf dem Spiel steht. Diese Gefahr will er seinem Publikum aufzeigen und es dazu anhalten, diesem Prozess kreativ entgegenzuwirken. Er begreift die Kreativität seiner Zuschauer/innen als Ausgangspunkt für Veränderung. Soziale Kunst soll kreiert werden.[49]

---

[45] Biesler, 2015.
[46] Ursprung, 2021.
[47] Müller, 1994, S. 20.
[48] Kothe, 2021.
[49] Ursprung, 2021.

Joseph Beuys macht von sich Reden und sorgt für große Aufregung, als er die provokante These öffentlich macht: „Jeder Mensch ist ein Künstler". Hier spricht er nicht die Kunst im herkömmlichen Sinn an, wie die eines Malers oder Bildhauers. Vielmehr spricht er die Kreativität der Menschen an, mit Hilfe derer sie ihr Leben verändern können.[50]

Beuys selbst sagt: „Wenn ich sage: Jeder Mensch ist ein Künstler, sage ich ja nicht, jeder Mensch ist ein Maler, ein Bildhauer, ein Architekt, ein Tänzer, ein Komponist." Damit stellt er klar, dass jeder dort ein Künstler ist, wo er seine Fähigkeiten entfaltet.[51] Damit will er jeden dazu aufrufen, schöpferisch mit seinen Fähigkeiten umzugehen und Verantwortung für die Gestaltung der Gesellschaft zu zeigen. Dieses Ziel verfolgt er auch mit der Aktion in der Galerie Schmela.

Beuys ist von den Ideen des Anthroposophen Rudolf Steiner begeistert. Seine Kunst beruht auf dem anthroposophischen Welt– und Menschenbild. Diese Ideen werden zu seinen künstlerischen Wurzeln und zu gesellschaftspolitischen Forderungen.[52]

Beuys will mithilfe der Kunst die Gesellschaft verändern. Er will alte Wunden heilen und den Menschen mit der Natur versöhnen.[53]

Beuys starke Verbundenheit zur Natur als immerwährendes Motiv seiner Arbeiten zeigt sich auch in seinen späteren Werken. In diesem Zusammenhang muss es auch im Rahmen dieser Arbeit erlaubt sein, einen Ausblick auf sein späteres Schaffenswerk zu richten. Beispielshaft ist seine Aktion „Stadtverwaldung statt Stadtverwaltung" im Jahre 1982 auf der documenta 7 – das Pflanzen von 7000 Bäumen zu erwähnen. Hier wie dort ist sein Leitmotiv, den Lebensraum ökologisch und nachhaltig zu verändern.

In welchem Umfang es dem Künstler mit seiner einmaligen und vergänglichen Aktion - "Wie man dem toten Hasen die Bilder erklärt"- gelungen ist, den gewünschten Imaginationsprozess bei seinem Publikum in Gang zu setzen, bleibt offen. Jedenfalls erzeugt seine Aktion immer noch Nachbilder, die sich in der Erinnerung seines Publikums verstärken. [54]

Beuys Performance in der Galerie Schmela könnte der erste öffentliche Ausgangspunkt gewesen sein für sein ökologisches Engagement. Wie bereits oben erwähnt, folgten weitere Aktionen, bei denen Umweltfragen ebenso in den Fokus genommen werden wie seine Verbundenheit zur Natur und den sich daraus ergebenden gesellschaftspolitischen Fragen. Auch hat die Kommunikation mit einem Tier Tradition in späteren Aktionen wie z.B. „I like America and America likes Me". Hier ist es ein Kojote. Erwähnenswert sind diese späteren Aktionen von Beuys an dieser Stelle, weil auch hier eine ähnliche Fragestellung wie zu dieser Ausarbeitung geeignet sein könnte, die Motive des Künstlers zu erforschen, um seine an

---

[50] Biesler, 2015.
[51] ebd.
[52] Kothe, 2021.
[53] Reber, 2021.
[54] Biesler, 2015.

uns gerichtete Botschaft zu verstehen. Inwieweit Beuys seiner „Linie" treu bleibt, was Botschaft, Provokation und Motivation zum kreativen Umdenken und seine hierzu eingesetzten Mittel anbelangt, wäre mit Ausblick auf weitere Ausarbeitungen zu seinem Schaffenswerk unter dem Gesichtspunkt meiner oben aufgestellten These untersuchenswert. Interessant wäre es hierbei zu erfahren, ob sich ein roter Faden durch sein künstlerisches Schaffen und sein gesellschaftspolitisches Engagement zieht oder ob es sich um Einzelaktionen handelt, die für sich mit ihren jeweiligen spezifischen Motiven und Aussagen stehen.

Literaturverzeichnis:

- Müller, Martin. Wie man dem toten Hasen die Bilder erklärt: Schamanismus und Erkenntnis im Werk von Joseph Beuys. VDG, 1994.
- Naef, Maja. Josef Beuys: Zeichnung und Stimme. Wilhelm Fink Verlag, 2011.
- Schneede, Uwe M. Joseph Beuys: Die Aktionen. Verlag Gerd Hatje, 1994.
- Schneede, Uwe M. Die Geschichte der Kunst im 20. Jahrhundert. C.H.Beck, 2001.
- van der Grinten, Franz, Joseph. Beuys vor Beuys, frühe Arbeiten aus der Sammlung van der Grinten-Zeichnungen-Aquarelle-Ölstudien-Collagen. Du Mont Buchverlag, 1987.

Internetquellen:

- Biesler, Jörg. „Wie man dem toten Hasen die Bilder erklärt", Aktion von Joseph Beuys (am 26.11.1965)". *WDR ZeitZeichen,* 26.11.2015. https://www1.wdr.de/mediathek/audio/zeitzeichen/audio-wie-man-dem-toten-hasen-die-bilder-erklaert-aktion-von-joseph-beuys-am--100.html. Zugriff: 23.01.2022.
- Frieling, Rudolf. „Kunst = Leben". *Medien Kunst Netz.* http://www.medienkunstnetz.de/themen/medienkunst_im_ueberblick/performance/4/. Zugriff: 08.02.2022.
- Kothe, Martina. „Schamanismus und Anthroposophie - Die Denkmuster von Josef Beuys". *NDR,* 12.05.2021. https://www.ndr.de/kultur/Schamanismus-und-Anthroposophie-Die-Denkmuster-von-Joseph-Beuys,beuys148.html. Zugriff: 22.01.2022.
- Quirin, Anne. „Beuys erste Ausstellung vor 50 Jahren „Wie man dem toten Hasen die Bilder erklärt". *Deutschlandfunk,* 26.11.2015. https://www.deutschlandfunk.de/beuys-erste-ausstellung-vor-50-jahren-wie-man-dem-toten-100.html. Zugriff: 03.03.2022.
- Reber, Simone."Beuys Revolutionär der Kunst". *SWR2 Wissen,* 26.05.2021. https://www.swr.de/swr2/wissen/joseph-beuys-revolutionaer-der-kunst-swr2-wissen-2021-05-12-100.html. Zugriff: 21.02.2022.
- Stock, Adolf. „Symbol und Kraft: Ein Feldhase auf verschneitem Acker". *Deutschlandfunk Kultur,* 30.03.2013 https://www.deutschlandfunkkultur.de/symbol-und-kraft-100.html. Zugriff: 15.01.2022.
- Ursprung, Philip. „Achtung Beuys – Aktionskünstler, Visionär, Provokateur Sternstunde Philosophie". *SRF Kultur,* 09.05.2021.

https://deutschepodcasts.de/podcast/sternstunde-philosophie-1/achtung-beuys-aktionskunstler-visionar-provokateur. Zugriff: 18.02.2022.

Abbildungsverzeichnis:

- Abb. 1: Beuys, Joseph. „…IRGEND EIN STRANG…". 1965, 21 x 14,8cm, Papier, aus: https://ada-invitations.de/cpt-einladungen/joseph-beuys-galerie-schmela-duesseldorf-1965/, zuletzt abgerufen am: 02.03.2022.
- Abb. 2: Vogel, Walter. „Joseph Beuys – Wie man dem toten Hasen die Bilder erklärt". 1965, 36 x 25cm, gelatin silver print, aus: http://www.artnet.de/k%C3%BCnstler/walter-vogel/joseph-beuys-wie-man-dem-toten-hasen-die-bilder-FEhviG21zwhwxCzBASYOYg2, zuletzt abgerufen am: 02.03.2022.

Anhang:

Abb. 1:

Abb. 2:

[Die Abbildungen sind aus urheberrechtlichen Gründen nicht im Lieferumfang enthalten.]

BEI GRIN MACHT SICH IHR WISSEN BEZAHLT

- Wir veröffentlichen Ihre Hausarbeit,
  Bachelor- und Masterarbeit

- Ihr eigenes eBook und Buch -
  weltweit in allen wichtigen Shops

- Verdienen Sie an jedem Verkauf

Jetzt bei www.GRIN.com hochladen und kostenlos publizieren